PANÉGYRIQUE

DE

SAINT MEMMIE

PREMIER ÉVÊQUE DE CHALONS

PRONONCÉ DANS L'ÉGLISE DE SAINT-MEMMIE

LE 3 AOUT 1884

PAR

M. L'ABBÉ J. RIBET,

CHANOINE HONORAIRE & SECRÉTAIRE GÉNÉRAL DE L'ÉVÊCHÉ DE CHALONS.

CHALONS-SUR-MARNE
IMPRIMERIE MARTIN FRÈRES, PLACE DU MARCHÉ-AU-BLÉ, 50

1884.

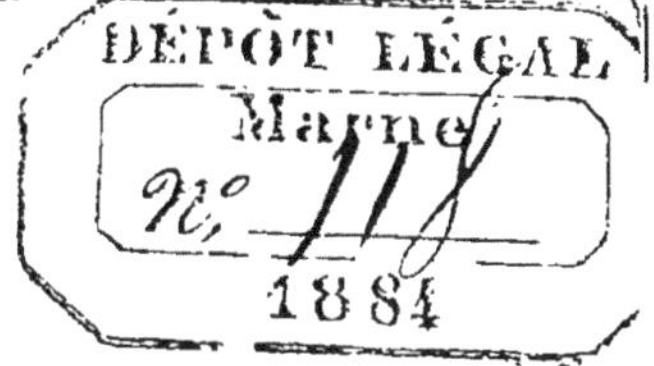

PANÉGYRIQUE DE SAINT MEMMIE

PREMIER ÉVÊQUE DE CHALONS

PANÉGYRIQUE

DE

SAINT MEMMIE

PREMIER ÉVÊQUE DE CHALONS

PRONONCÉ DANS L'ÉGLISE DE SAINT-MEMMIE

LE 3 AOUT 1884

PAR

M. L'ABBÉ J. RIBET,

CHANOINE HONORAIRE & SECRÉTAIRE GÉNÉRAL DE L'ÉVÊCHÉ DE CHALONS.

CHALONS-SUR-MARNE

IMPRIMERIE MARTIN FRÈRES, PLACE DU MARCHÉ-AU-BLÉ, 50

1884.

Mon cher Chanoine,

Les paroles que vous hésitez à reproduire seront utiles et agréables à lire comme elles le furent à entendre, et je les bénis de tout cœur une seconde fois.

† GUILLAUME-MARIE,
Ev. de Châlons.

PANÉGYRIQUE

DE

SAINT MEMMIE

PREMIER ÉVÊQUE DE CHALONS

Depositum custodi.
Gardez le dépôt qui vous a été confié. (1. *Tim*. *VI*. 20.)

MONSEIGNEUR,

L'homme, quelque léger qu'il soit et qu'il paraisse, se sent immortel, et cet instinct le porte à imprimer le sceau de l'immortalité à son souvenir et à ses œuvres. Il regarde l'avenir en souriant ou avec tristesse, selon qu'il entrevoit la stabilité ou la déchéance pour ce qu'il a reçu, ce qu'il a créé et ce qu'il aime.

Rêve et illusion quand ce désir et cet espoir tombent sur les choses périssables, sur la scène mobile de ce monde, d'où le temps et la mort emportent tout. Noble et féconde ambition quand elle regarde les promesses divines et les biens éternels.

Toute âme pure, grande, généreuse éprouve ce tourment d'immortaliser sur la terre les œuvres de Dieu auxquelles elle donna son travail, ses joies et ses larmes.

Mais si cette âme habite au sein de la lumière, à ces hauteurs d'où le regard mesure pleinement la vanité de ce qui passe et le prix de ce qui est éternel, elle ne peut concevoir de plus ardent désir que de voir prospérer sur le sol fécondé de ses sueurs, les biens sacrés reçus de Dieu et fidèlement transmis au nom de Dieu.

Telle doit être, au ciel, à cette heure, la pensée de l'apôtre dont nous célébrons la gloire.

Sans doute, c'est une joie douce à son

cœur de voir les foules pieuses environner son tombeau, et ceux qu'il aime fidèles à sa mémoire. Mais ce qui l'émeut et le réjouit le plus dans ces fêtes est de constater en ses enfants la fidélité à la vérité reçue, à la grâce, aux saintes espérances. De son cœur s'échappent les paroles que Saint Jean adressait aux fils de son âme : *Majorem horum non habeo gratiam quam ut audiam filios meos in veritate ambulare* (3 *Joann.* 4) ; ma plus grande joie est de savoir que mes fils marchent dans la vérité.

Je répondrai aux sentiments de vos âmes et aux vœux de Saint Memmie en vous rappelant le dépôt sacré qu'il confia à vos pères et que vos pères vous ont transmis, en vous exhortant à le conserver et à le transmettre à votre tour avec fidélité.

Saint Memmie vous apporta le trésor des vérités chrétiennes par la prédication, les dons divins des sacrements avec le culte catholique, et la hiérarchie sacrée dans les ouvriers évangéliques.

Debout sur son tombeau glorieux, il vous

demande ce qu'est devenu en vos mains ce saint dépôt.

Etes-vous fidèles à conserver la foi ?

Etes-vous fidèles à puiser la vie dans les sacrements ?

Etes-vous fidèles à assurer le recrutement du sacerdoce ?

Mes frères, vous voyez mon dessein. Il est digne de votre attention et de vos sympathies.

Demandons à la bienheureuse Vierge Marie de bénir ma parole et de la faire germer dans vos âmes. *Ave Maria*.

I.

Le premier trésor que Memmie portait dans son âme et qu'il déversa en celles de vos ancêtres fut le don de la foi.

Où l'avait-il puisée lui-même ? D'où venait-il ? Quel pays porta son berceau ? Nous aimons à savoir de quel point de l'horizon sont partis ceux qui nous ont donné des biens immortels.

De vieilles légendes le font naître à Rome et, non sans quelque vraisemblance, de la race patricienne des Memmius. Il aurait été le disciple de Saint Pierre et reçu sa mission du prince même des apôtres.

Je n'ignore pas les complications soulevées par la critique janséniste touchant les origines chrétiennes dans les Gaules, et particulièrement sur l'apostolat de Saint Memmie. La négation ne coûte rien à ceux qui osent, surtout quand ils ont au cœur le froid de la haine et qu'ils espèrent couvrir leurs théories du vernis de la science et de l'érudition.

Ce n'est pas ici le lieu de discuter. Qu'on me permette une simple remarque. En groupant les plus anciennes légendes, et en les rapprochant les unes des autres, une conclusion s'en détache : elles concordent à reculer jusqu'aux temps apostoliques l'évangélisation des Gaules. Cette unanimité incline ma foi plus que les difficultés de la critique ne l'ébranlent. L'axiome de droit : *Possession vaut titre*, prévaut ici plus qu'ailleurs. L'histoire n'a pas d'autre façon de naître et de vivre.

Mais qu'importe le lieu d'origine de celui à qui vos ancêtres donnèrent droit de cité, et qui n'aura plus d'autre patrie que la vôtre ? Qu'importe l'heure de l'histoire où il vécut ? Une chose est certaine, c'est qu'elle fut pour vous l'heure de l'illumination et du salut, puisqu'il vous apporta au nom de Jésus-Christ et du souverain pasteur de l'Eglise la vérité qui sauve les âmes.

L'homme, sans doute, n'oublie jamais les figures aimées qui entourèrent son berceau : un père, une mère, les visages sympathiques qui lui souriaient à son arrivée. Jamais il n'oublie ce premier cadre de la nature qui frappa ses regards, ni les accents qui éveillèrent les premières visions et les premières émotions. Où que l'emportent les fluctuations du voyage, où qu'il vive, où qu'il meure, ce souvenir est ineffaçable et toujours délicieux.

Mais pour l'apôtre, il se fait dans des régions supérieures des visions plus amples, des rencontres plus intimes, des souvenirs plus pénétrants : c'est la région des âmes. Là où il rencontre les âmes, ce lieu devient sa patrie.

La Bible nous offre, au livre de Ruth, une scène attendrissante. Après avoir suivi et vu mourir chez les Moabites ses deux fils, Noémi, la belle Israélite, maintenant flétrie par la douleur, retournait à son pays natal. Ses deux belles-filles l'accompagnaient, mêlant leurs larmes aux siennes. Arrivée aux confins de Moab et de Juda, elle embrasse les épouses de ses enfants : « C'est assez, leur dit-elle, retournez à la maison paternelle ; pour moi, je veux mourir en Israël ; mais vous, pourquoi me suivre ? Je n'ai plus de fils à vous donner. Séparons-nous ici. Adieu, mes filles, adieu ! »

L'une d'elles, dominant les larmes et les sanglots, s'en retourna. Mais l'autre, Ruth : « Non, non, dit-elle, vous êtes ma mère ; nous séparer, jamais ! La terre qui recevra votre dépouille aura la mienne. Votre peuple sera mon peuple et votre Dieu sera mon

Dieu : *Populus tuus, populus meus, et Deus tuus Deus meus* (Ruth, I. 16). » Et se jetant dans les bras l'une de l'autre, elles se jurèrent de vivre et de mourir sous le même ciel. La noble étrangère mérita ainsi non seulement d'être agrégée au peuple d'Israël, mais de prendre place parmi les ancêtres du Messie.

Il me semble voir votre apôtre Saint Memmie frapper aux portes de Châlons, et dire à vos pères : « Votre peuple sera mon peuple, pourvu que mon Dieu, le Dieu véritable, devienne votre Dieu. Je ne suis pas un étranger : je viens vous apprendre que nous sommes tous les enfants d'un même père. Recevez-moi, écoutez-moi. Je vous apporte la lumière, l'espérance, la vie, l'éternelle vie. Je n'en veux qu'à vos âmes ; pour vos âmes je viens parler, prier, souffrir et mourir. »

Pour courir ainsi après les âmes, il faut avoir reçu au cœur une mystérieuse blessure, la blessure de l'amour, de l'amour de Jésus-Christ.

Quand une âme a rencontré Jésus-Christ,

lui a donné sa foi et s'est éprise, en le contemplant, de sa bonté et de sa beauté ; que Jésus-Christ en échange l'a comblée des dons de sa grâce et lui a révélé dans d'ineffables confidences le secret de sa venue, de sa vie, de sa mort, de ses mystères et de ses institutions, c'est-à-dire l'amour des âmes, cette âme se prend à aimer les âmes ses sœurs du même amour dont elle aime Jésus-Christ.

Dès lors, elle est apôtre, et il ne reste plus qu'à lui ouvrir le champ où devra se déployer son zèle. Que Jésus-Christ la pousse par son Esprit vers une région déterminée, ou la mette sous la main du souverain pasteur chargé de diriger les apôtres selon les besoins des temps et des lieux, elle ira, elle volera au rendez-vous de Dieu et des âmes.

Et puis, pourquoi ne le dirais-je pas ? lorsqu'une âme a vécu avec des âmes, elle ne sait plus les oublier ni courir à d'autre vie. Les scènes les plus éblouissantes de la nature pâlissent à côté des splendides horizons où se meuvent les âmes, les voluptés les plus énivrantes ne valent pas les effusions de l'âme à l'âme, pour qui les a goûtées.

Telle est l'histoire de l'apostolat de Saint Memmie : Plein, débordant de foi, il sentait le besoin de répandre cette lumière divine, cette flamme sainte. Blessé au cœur par l'amour de Jésus-Christ, il voulut soulager sa blessure en la communiquant aux âmes. L'Esprit-Saint lui inspira-t-il de venir dans ces contrées, ou bien en reçut-il l'initiative et la mission de Pierre ou de l'un de ses successeurs : Nous ne sommes ni autorisés, ni contraints à rien décider à ce sujet.

Nous savons, et cela suffit pour lui assurer notre reconnaissance, nous savons que Memmie se présenta à vos pères, et par sa prédication fit lever sur leurs âmes la lumière du salut.

Plus d'un siècle auparavant, un autre conquérant, romain lui aussi, avait abordé sur vos plages, apportant dans ses mains, non la paix et la liberté, mais la guerre et l'asservissement. C'était Jules César. César a inscrit son nom dans l'histoire ; plus heureux, Memmie a buriné le sien dans vos cœurs.

Les noms de Donatien et de Domitien sont inséparables dans votre culte et votre reconnaissance du nom de Memmie, votre premier pasteur.

Les origines de la foi parmi vous offrent cela de remarquable, que dès le premier jour on aperçoit déjà organisée la sainte hiérarchie. A côté de l'évêque, apparaissent ses ministres : arbre sacré transplanté sur votre sol par la main de Dieu, toujours fleuri, toujours fécond en fruits de salut, et qui n'a point cessé jusqu'ici de pousser des rejetons vigoureux. Quand Memmie vint prendre possession du champ assigné à son zèle, il amenait deux collaborateurs, prêts à partager ses travaux et à les prolonger.

Avant de commencer leur apostolat, ils arrivaient unis par les liens les plus étroits et les plus forts, par les liens du cœur. Memmie, le premier par l'âge et la dignité, était le père, un père plein de tendresse et de sollicitude. Donatien et Domitien étaient ses fils ; des fils aimants, dévoués, respectueux. Aimables et fécondes relations entre le pontife et ses prêtres. Elles se perpétueront d'âge en âge, faisant notre honneur et notre force.

J'aime dans l'antique légende ce trait qui peint le cœur tendre et paternel de Saint Memmie. Les trois pèlerins ont quitté Rome et pris la route des Gaules. A peine sortis de la campagne romaine, ils sont contraints de s'arrêter, et Memmie voit expirer sous ses yeux Domitien, l'un de ses compagnons. Désolé, consterné, il revient sur ses pas ; il oublie sa mission, ou plutôt il lui semble qu'il ne peut la remplir tant qu'il n'aura pas retrouvé le fils de son âme. Il court se jeter aux pieds du prince des apôtres et le supplie en larmes de lui rendre son cher disciple. Pierre coupe une frange de son habit et la donne à l'Evêque. Celui-ci retourne au lieu où gisait inanimé le corps de Domitien. Plein de foi, de prière et d'espérance, il dépose la précieuse relique sur le mort, et le mort revient à la vie. Aussitôt, ensemble, ils reprennent leur course, le cœur dilaté, louant Dieu et offrant le sang de leurs veines pour travailler à sa gloire.

Tels étaient les ouvriers que Dieu envoyait planter et cultiver une vigne nouvelle dans ce sol de la Champagne.

La Champagne n'était pas encore ce qu'elle est, cette terre cultivée, polie, joyeuse, déversant la joie chez elle et au loin dans ses coupes pétillantes. Sur ces côteaux où fleurit la vigne, s'étendaient d'épaisses forêts.

Déjà cependant les hommes et le sol présageaient l'avenir. Une population active et nombreuse se groupait au sein des villes et des bourgs. Les Gaulois occupaient de la Méditerranée à l'Océan, de nos belles Pyrénées à ces bords du Rhin, auxquels nous avons rêvé et rêverons encore, ce pays qui allait s'appeler la France : peuple fin, souple, jaloux de sa liberté, âpre à la guerre, terrible à quiconque menaçait son indépendance, aimable au foyer, doux aux amis. Quand les Francs de Clovis auront mêlé leur sang à cette race exquise, nous aurons le peuple français, le peuple chevalier, mettant son épée, sa langue, sa verve au service de toutes les nobles causes, et Dieu lui-même aura recours à leur vaillance pour les coups et gestes de sa Providence sur le monde. *Gesta Dei per Francos.*

La fine fleur des Gaulois était ici, et laissez-moi vous jeter en fuyant ce trait sincère, de bonne grâce, la Champagne d'aujourd'hui n'a rien perdu de la Gaule d'autrefois.

Il manquait cependant à cette terre, à ce peuple, l'essentiel de la vie humaine : la connaissance du vrai Dieu et du divin Rédempteur Jésus-Christ. La superstition régnait en maîtresse. La religion populaire n'était que le culte idolatrique des forces brutales de la nature : du feu, du vent, du tonnerre. Celle des savants, plus raffinée, contenait quelques parcelles de vérité, qui sans trop gêner les passions donnaient un aliment à l'instinct religieux : C'était le Druidisme.

Le culte du vrai Dieu, la noblesse de l'âme humaine, la déchéance par le péché, son rachat par Jésus-Christ, les vérités divines et les pouvoirs sacrés confiés à l'Eglise, tout cela était encore ignoré. C'était un trésor que Memmie et ses compagnons portaient recelé dans leurs âmes, et que leurs lèvres frémissantes avaient hâte de répandre.

Quel accueil leur firent vos ancêtres ?

Ils les laissèrent parler d'abord, avec ce calme observateur qui est une des qualités héréditaires de votre race. Memmie parla avec son âme d'apôtre, et Dieu donna à sa parole la confirmation souveraine du miracle.

Mais, au fond, c'était une révolution que provoquait ce nouveau venu : une révolution dans les idées reçues auxquelles il opposait des dogmes exclusifs ; une révolution dans les mœurs qu'il parlait d'assainir ; une révolution dans la famille où il introduisait un Dieu nouveau, sévère, jaloux, expulsant tous les autres ; une révolution dans les temples contre les vieille idoles ; une révolution enfin qui bouleversait les croyances et les habitudes dans la vie publique, au foyer, et jusqu'au plus intime des âmes.

C'était trop.

Les prudents se persuadèrent aisément que la sécurité municipale allait être en péril ; les violents — il y en eût dans tous les temps — menacèrent ; la populace aveugle, — partout la même — s'en mêla.

Ordre fut intimé à l'apôtre de sortir de la ville, avec défense expresse d'y rentrer jamais.

Le proscrit céda à l'orage. Retiré dans un lieu solitaire aux portes de Châlons, à l'endroit même où nous sommes, il continua par la prière et les larmes ce que sa parole avait commencé.

Cet exil, on peut l'appeler ainsi pour le cœur de l'apôtre, dura une année entière.

Mais du sein de cette retraite s'échappaient des émanations célestes qui envahissaient les âmes et les charmaient, des vertus miraculeuses qui guérissaient les corps. Dieu lui-même, plus puissant que le suffrage populaire, va ramener dans la cité son serviteur, et, par un miracle éclatant, triompher des interdictions et dissiper les ombrages.

Vous savez comment les portes de Châlons se rouvrirent pour ne plus se refermer. Rappelé par le gouverneur à qui une mort tragique venait de ravir son fils, le saint, au nom de Jésus-Christ, rend la vie à cet enfant, et, à ce spectacle, le peuple l'acclame comme l'envoyé du ciel.

A partir de ce jour commence libre, pleine, triomphante, la prédication de l'Evangile, les résistances tombent, les esprits s'ouvrent à la lumière et les cœurs à la grâce. Les idoles cèdent la place au vrai Dieu, Jésus-Christ a des adorateurs, les vérités et les lois divines sont connues et acceptées, une vie nouvelle resplendit dans les âmes et des âmes se reflète dans les mœurs.

Cette transformation ne fut pas l'œuvre d'un jour ; mais, commencée, elle alla toujours croissant.

Il fallut d'abord faire pénétrer dans les

esprits la vérité chrétienne. Mais, remarquez-le bien, car on l'oublie trop aujourd'hui, la foi chrétienne ne doit pas demeurer spéculative et stérile au sommet de l'esprit ; son but est d'ouvrir l'âme aux sources de la vie divine.

Dieu ne se présente pas seulement à l'homme pour l'éclairer et le conduire, il le saisit, s'empare de sa substance dans ce qu'elle a de plus intime et de plus vivant, l'ente sur la sienne et fait circuler en ses veines, si je puis parler ainsi, une sève nouvelle, mélange étonnant de vie divine et de vie humaine.

Cette greffe mystérieuse dont l'épanouissement est réservé à l'éternelle gloire, s'opère par les sacrements. Le Baptême l'inaugure, la Confirmation la perfectionne, l'Eucharistie l'entretient et la consomme, la Pénitence et l'Extrême-onction la réparent et la rafraîchissent. Le sacrement du Mariage fait concourir la famille à cette œuvre de sanctification ; celui de l'Ordre perpétue les dispensateurs des divins mystères et organise le culte catholique.

Les deux sacrements qui, après le baptême, impriment à la vie chrétienne sa forme normale sont la Pénitence et l'Eucharistie, la Confession et la sainte Communion. La Pénitence répare dans l'âme les brèches incessantes des passions ; l'Eucharistie lui donne son aliment divin et opère la transformation intime.

Avec la prédication de l'Evangile, d'où naît la foi, telle fut l'œuvre de saint Memmie.

Son premier soin est de préparer son peuple au saint baptême. La tradition fait remonter jusqu'à lui un baptistère élevé en l'honneur du saint Précurseur, première origine vraisemblablement de l'église de Saint-Jean, l'une des plus anciennes de Châlons.

Un oratoire fut dédié à saint Pierre. C'était, dit encore la légende, un temple d'Apollon, que le saint purifia et mit sous la protection et le vocable du prince des apôtres. Là se célébraient les saints mystères et se dressait le banquet eucharistique.

Le culte, les assemblées chrétiennes, le

baptême, le divin sacrifice, la sainte communion ; en un mot l'organisation chrétienne, tout cela se retrouve à l'origine. Il n'y a pas de christianisme vrai, sérieux, permanent, sans ces institutions pratiques. S'en affranchir, c'est cesser d'être chrétien.

Il est une fleur qui s'épanouit au soleil de la foi et germe, ravissante et embaumée, sous la sève surabondante des sacrements : c'est la virginité chrétienne sous la forme de la vie religieuse. Nous la voyons encore germer et s'épanouir à l'ombre de saint Memmie.

Saluons la sœur, la vierge sainte Pome, quittant, elle aussi, son pays natal, pour venir rejoindre son frère bien-aimé dans sa nouvelle patrie, qui désormais sera la sienne. Saint Memmie et sainte Pome sont vos concitoyens.

Toutes les délicatesses ont été prodiguées à votre église à son berceau. Pas de sang versé, une hiérarchie toute faite d'amitié, d'affection et de respect, la virginité avec son double arôme de solitude et de pureté.

O Eglise de Châlons, que tu es belle et

gracieuse à ton origine ! Puissent tes enfants ne point dégénérer. Puissent-ils conserver intacte et ardente la foi des premiers jours, puiser la vie aux sources de la grâce, entourer le sacerdoce de sympathie, de confiance et de respect, environner d'honneur et de protection les vierges chrétiennes qui consolent nos malades, recueillent nos orphelins, ont élevé nos mères, élèvent les mères de l'avenir, nous embaument tous du parfum de leur pureté et font sur nos têtes par leurs prières une égide salutaire.

Tandis que Memmie faisait son œuvre à Châlons, d'autres ouvriers de Dieu faisaient briller la lumière évangélique dans les contrées environnantes. Ainsi, sous l'empire de la grâce de Dieu et du bon sens populaire, se forma et apparut cette Champagne chrétienne, théâtre de tant de guerres sanglantes, de tant de révolutions politiques, foulée par tant de ravageurs et de conquérants, et, à travers toutes les péripéties, dans la bonne comme dans la mauvaise fortune, toujours fidèle à la foi de saint Memmie.

Aux jours des grandes calamités, sa suprême ressource sera de rouvrir les tombeaux de son apôtre et de ses compagnons, de mettre leurs dépouilles glorieuses sur les épaules de ses prêtres et de parcourir, éplorée mais le cœur plein d'espérance, les rues et les places de la cité, sollicitant et attendant la délivrance de ceux qui lui donnèrent la foi et la vie chrétienne.

II.

Cette fidélité se lassera-t-elle jamais ? Levons les yeux autour de nous, interrogeons nos consciences, sachons reconnaître et sonder nos plaies.

A l'heure où nous sommes, le dépôt des saintes croyances légué par Saint Memmie reste-t-il intact entre vos mains, et le transmettez-vous avec une fidélité jalouse ?

Si votre oreille est attentive, vous avez entendu un cri et une plainte : le cri de blasphème et de ricanement des impies, la plainte douloureuse des croyants, les uns et les autres exprimant dans un accent divers le même phénomène : La foi baisse dans les âmes !

Faut-il s'en étonner ! On écoute, on lit, on accueille tout ce qui contredit et raille la foi. Et tandis qu'on la découvre aux assauts du dehors, on néglige ce qui la pourrait fortifier et alimenter au dedans ; l'instruction religieuse, la prière, l'assiduité aux pratiques chrétiennes, et surtout la grâce divine des sacrements !

Ah ! ce n'est que trop vrai, la foi baisse dans les âmes.

Il en est qui se rassurent en répétant que l'Eglise ne peut pas périr. Illusion puérile et fatale. Non, l'Eglise ne périra pas ; mais nous, nous pouvons perdre l'Eglise, nous pouvons périr pour l'Eglise. L'histoire est là pour l'attester. La foi était jadis prospère et glorieuse dans ces belles régions de l'Asie et de l'Afrique maintenant ravagées, asservies, abruties par l'Islamisme. L'Eglise comprimée, traquée, trahie, s'est retirée emportant son flambeau et ses trésors.

Prenons garde qu'il n'en advienne autant de nous. Les barbares, qu'offusque la civilisation chrétienne, ne sont pas à nos portes ; ils sont au milieu de nous ; et devant leur audace, une audace qui ne connaît plus de bornes, beaucoup ont déjà courbé la tête et touchent à l'apostasie.

On n'est pas apostat, me dites-vous, quand on croit encore et que l'apostasie inspire l'horreur, et tels sont nos sentiments. Je le reconnais et j'en bénis Dieu. Mais l'abandon des sacrements est le premier pas dans cette voie funeste. Ce premier pas, qui ne le sait? qui ne le voit? un grand nombre, le grand nombre l'a déjà fait.

Quand on cesse d'alimenter le corps, il dépérit et meurt. Cessez de nourrir l'âme, elle dépérira aussi et elle mourra. Et la nourriture de l'âme c'est la grâce divine, et la grâce divine est dans les sacrements. Abandonner les sacrements, c'est donc abandonner la vie.

Au fond, ne vous y trompez pas, c'est votre foi qui est ici en péril.

Fût-elle vraie, ardente même, cette foi que vous prétendez conserver en vous isolant du culte catholique et en vous abstenant des sacrements, non seulement restera stérile, mais elle se refroidira et s'obscurcira par degrés. A un moment donné, on constatera qu'elle s'est éteinte comme la lampe dont on n'alimente plus la flamme.

Du moins par votre exemple, vous aurez contribué à l'amortir autour de vous. Laissez s'écouler deux, trois au plus, de ces générations pratiquement indifférentes, et la foi, si elle luit encore, sera bien appauvrie dans les âmes.

Aussi, c'est un pressant devoir pour les ministres de Dieu, de vous prévenir qu'en refusant la vie sacramentelle dont Memmie ouvrit la source, vous vous exposez à perdre totalement la foi.

Si, par une dernière infidélité, vous laissiez s'éteindre la hierarchie sainte du sacerdoce, ce serait la nuit sombre, l'égarement sans espoir.

Depuis sa fondation par les trois ouvriers envoyés de Dieu, l'Eglise de Châlons à su trouver dans son sein des continuateurs de leur mission et de leur zèle. Le jour où la sève sacerdotale viendrait à tarir, c'en serait fait de la foi, du culte, de la religion, des espérances éternelles. Les temples s'écrouleraient d'eux-mêmes sans que les spoliateurs aient à y mettre la main. On ne change pas les conditions de la vie humaine ni les institutions divines : Quand le prêtre disparaît, Dieu s'en va.

A cet égard, l'heure présente n'est pas sans tristesse ni l'avenir sans alarmes. Si vous avez le noble souci de conserver le dépôt que Memmie confia à vos pères, et qu'ils vous ont scrupuleusement transmis, vous apporterez vos largesses, si vous le pouvez, votre obole si vous ne pouvez davantage, à l'œuvre des séminaires ; vous aiderez dans la mesure où ce concours vous convient à l'éclosion, à la culture et à l'achèvement des vocations sacerdotales.

Votre générosité, j'ai hâte de le dire, fait

concevoir les plus grandes espérances, et promet de conjurer le péril. La charité châlonnaise est inépuisable, et l'œuvre des séminaires semble obtenir toutes ses faveurs.

Agissons, agissons, nous tous qui croyons et espérons ; le ciel fécondera nos efforts. Il nous gardera les biens que nous sommes jaloux de conserver et les rendra à ceux qui les ont perdus.

A une heure de son histoire où Israël voyait le temple et la cité sainte en péril, le héros qui avait pris en main la cause de Dieu et de la patrie, Judas Machabée, eut une vision qui retrempa son âme et releva tous les courages.

Dans un songe mystérieux et prophétique, le grand prêtre Onias se montrait à ses regards avec son visage doux et gracieux, son grand air à la fois simple, noble et pieux, les lèvres entr'ouvertes par l'éloquence ; de ses deux mains étendues, il intercédait pour le peuple d'Israël : *Erat autem hujusmodi visus : Onias qui fuerat summus sacerdos, virum bonum et benignum, verecundum visu, modestum moribus et eloquio decorum. . . manus protendentem, orare pro omni populo Judæorum.* (2. Macc. XV. 12).

Bientôt apparut à ses côtés un autre personnage, marqué de la double majesté de l'âge et de la gloire, tout rayonnant de cet éclat divin que donne la sainteté. Et le montrant au guerrier : « Voilà, disait Onias, l'ami de ses frères et du peuple d'Israël ; le voilà celui qui redouble ses prières pour son peuple et la cité sainte : *Hic est fratrum amator et populi Israel ; hic est qui multum orat pro populo, et universa sancta civitate, Jeremias propheta Dei* (*Ibid.* 14). Ce grand intercesseur, c'était Jérémie le prophète de Dieu.

Mes frères, courage : Onias est encore au milieu de nous. De la main et du cœur, il nous montre votre premier prophète et apôtre Saint Memmie, lui aussi dans l'attitude de la supplication, toujours l'ami de son peuple et de sa cité, toujours puissant auprès de Dieu : *Ecce qui multum orat pro populo !*

La destinée des saints est de ne pas se séparer de ceux qu'ils ont aimés et de les couvrir toujours de la protection de leurs prières. Mais il est des lieux particulièrement chers à leur souvenir : ce sont ceux où ils ont prié et souffert, et ceux-là surtout où repose leur dépouille. A tous ces titres, Saint Memmie nous sera propice en ce lieu, qui fut celui de son refuge pendant l'orage, de sa retraite vers la fin de sa vie, de son repos après la mort.

O Saint Memmie, notre père, notre apôtre, l'ami de nos âmes, nous avons foi en votre amour, en votre puissante et paternelle intercession. Vous voyez du haut du ciel où en sont le temple et la cité, la religion et la patrie. Priez pour nous !

Priez pour que le flambeau de la foi allumé à la flamme de votre zèle ne s'éteigne pas. Priez pour que la vie surnaturelle dont vous avez ouvert sur nos âmes la source féconde ne suspende jamais ses flots.

Priez pour les pasteurs qui perpétuent vos travaux et vos enseignements ; héritiers de votre mission, qu'ils le soient également de votre zèle. Priez enfin pour tout ce peuple qui vous aime et que vous aimez, afin que Jésus-Christ Notre-Seigneur, redevenu la règle, l'amour et la joie de nos âmes, nous soit à tous à jamais notre éternelle félicité. Amen.

Châlons, typ.-lith. MARTIN frères.

OUVRAGES DE M. L'ABBÉ RIBET,

CHEZ POUSSIELGUE, PARIS, RUE CASSETTE, 15 :

LA MYSTIQUE DIVINE

distinguée des Contrefaçons
diaboliques et des Analogies humaines.
3 vol. in-8°.

LA CLEF DE LA SOMME THÉOLOGIQUE

de saint Thomas d'Aquin.

In-12.

www.ingramcontent.com/pod-product-compliance
Ingram Content Group UK Ltd.
Pitfield, Milton Keynes, MK11 3LW, UK
UKHW021530260726
13993UKWH00004B/1899

9 782329 065601